Sonnets from Fatal Interview

Sonetti da Colloquio Fatale

Edna St. Vincent Millay
Translated by L. Klinkon

Credits: Edna St. Vincent Millay, "What thing is this that built of salt and lime," "This beast that rends me in the sight of all," "No lack of counsel from the shrewd and wise," "Since I cannot persuade you from this mood," "Night is my sister, and how deep in love," "Yet in an hour to come, disdainful dust," "When you are dead, and your disturbing eyes," "Strange thing that I, by nature nothing prone," "Not in a silver casket cool with pearls," "Olympian gods, mark now my bedside lamp," "I dreamed I moved among the Elisian fields," "Sweet love, sweet thorn, when lightly to my heart," "Now by this moon, before this moon shall wane," "Whereas at morning in a jeweled crown," "Peril upon the paths of this desire," "Women have loved before as I love now;," "Moon, that against the lintel of the west," "When we are old and these rejoicing veins," "Time, that is pleased to lengthen out the day," "Love me no more, now let the god depart," "You loved me not at all, but let it go;," "I said in the beginning did I not?—," O ailing Love, compose your struggling wing!," "Summer, be seen no more within this wood;," "If to be left were to be left alone," "I know my mind and I have made my choice;," "Even in the moment of our earliest kiss," "Well, I have lost you; and lost you fairly;," "Now by the path I climbed I journey back," "The heart once broken is a heart no more," "If in the years to come you should recall," "Oh, sleep forever in the Latmian cave," "As men have loved their lovers in times past," and "Where can the heart be hidden in the ground" from *Collected Poems.* Copyright 1931, 1934, © 1958, 1962 by Edna St. Vincent Millay and Norma Millay Ellis. Reprinted with the permission of The Permissions Company, Inc., on behalf of Holly Peppe, Literary Executor, The Millay Society, www.millay.org.

Copyright © 2019, 2020 by Laura Klinkon

All rights reserved. No portion of this work may be reproduced or transmitted in any form or by any means, electronic or mechanical, including photocopying and recording, or by any information storage and retrieval system, without written permission from the author/translator.

Cover photo (modified): Carrol Raddato
Production consultants: Peter Klinkon, New York, N.Y. and Editions Printing, Rochester, N.Y.
Linguistic consultant: Raffaele Ciminelli, Rome, Italy
Published by Stesichorus Publications, Rochester, N.Y.
ISBN: 978-0-9986405-3-2
First Edition

Sonnets from Fatal Interview

Sonetti da Colloquio Fatale

Edna St. Vincent Millay
Translated by L. Klinkon

Stesichorus Publications

...who's so dumb that cannot write to thee
When thou thyself dost give invention light?
Be thou the tenth Muse, ten times more in worth
Than those old nine which rimers invocate;
And he that calls on thee, let him bring forth
Eternal numbers to outlive long date.
...

        Shakespeare, Sonnet 38

...chi è tanto spento che non può scrivervi
Visto che voi stessa illuminate l'invenzione?
Siate la decima Musa, valendo più di dieci volte
Le nove antiche dai rimatori invocate;
E chi invoca voi, lasciamo che crei
Numeri eterni da perdurare epoche.
...

Shakespeare, Sonnet 38

Contents

Introduction	11
What thing is this that, built of salt and lime	24
This beast that rends me in the sight of all	26
No lack of counsel from the shrewd and wise	28
Not in a silver casket cool with pearls	30
Strange thing that I, by nature nothing prone	32
When you are dead, and your disturbing eyes	34
Time, that is pleased to lengthen out the day	36
Yet in an hour to come, disdainful dust	38
Since I cannot persuade you from this mood	40
Night is my sister, and how deep in love	42
Sweet love, sweet thorn, when lightly to my heart	44
Think not, nor for a moment let your mind	46
Peril upon the paths of this desire	48
Women have loved before as I love now	50
Olympian gods, mark now my bedside lamp	52
I said, seeing how the winter gale increased	54
I dreamed I moved among the Elysian fields	56
Moon, that against the lintel of the west	58
When we are old and these rejoicing veins	60

Indice

Introduzione	17
Che cosa è questo che, fatto di sale e calce	25
Questa bestia che mi straccia davanti a tutti per	27
Consigli che non mancano da scaltri e savi	29
Non in uno scrigno d'argento brinato con perle	31
Strano che io, per mia natura niente portata	33
Quando sei morto, e i tuoi occhi inquietanti	35
Tempo, che ha piacere di allungare la giornata	37
Eppure in un'ora a venire, sdegnoso pulviscolo	39
Poiché non posso dissuaderti da questo umore	41
La Notte è mia sorella, e come innamorata	43
Dolce amore, dolce spina, quando il mio cuore	45
Non pensare, né per un attimo lascia che la mente	47
Rischio, lungo i sentieri di questo desiderio	49
Le donne amarono in passato come adesso amo io	51
Dei d'Olimpia, notate ora la mia lampada da letto	53
Dissi, visto che la burrasca invernale aumentava	55
Sognai che camminavo nei campi Elisi	57
Luna, che contro l'architrave dell'ovest	59
Quando siamo vecchi e queste vene giubilanti	61

Now by this moon, before this moon shall wane	62
Whereas at morning in a Jeweled Crown	64
Love me no more, now let the god depart	66
You loved me not at all, but let it go	68
I said in the beginning, did I not?	70
O ailing Love, compose your struggling wing!	72
Summer, be seen no more within this wood	74
If to be left were to be left alone	76
I know my mind and I have made my choice	78
Even in the moment of our earliest kiss	80
Well, I have lost you; and I lost you fairly	82
Now by the path I climbed, I journey back	84
The heart once broken is a heart no more	86
If in the years to come you should recall	88
Oh, sleep forever in the Latmian cave	90
Bibliography	93

Giuro su questa luna, che prima del suo declino	63
Anche se di mattino portando una Corona Ingioiellata	65
Non mi amare più, lascia che se ne vada il dio	67
Non mi hai amata affatto, ma lascia andare	69
L'ho detto al principio, non è vero?	71
O Amore malridotto, ripiega la tua ala sofferente!	73
Estate, non ti far più vedere in questo bosco	75
Se l'essere lasciata significa essere lasciata sola	77
So bene quel che penso e ho già scelto	79
Anche nel momento del nostro primo bacio	81
Allora, ti ho perso; e ti ho perso equamente	83
Ora per il sentiero che salì, sono di ritorno	85
Il cuore una volta spezzato non è più cuore	87
Se negli anni a venire dovessi ricordare	89
Oh, dormi sempre nella grotta di Latmo	91
Bibliografia	93

Acknowledgements

This project greatly benefited from the generosity of the Libraries of Rome, which hosted me at the Casa delle Traduzioni during November 2019. I was also welcomed in Rome as a participant in the poetry workshop of Plinio Perilli, noted poet and literary critic.

I am especially grateful to Raffaele Ciminelli, poet and novelist, of Rome, for his careful, sensitive, and unassuming reading of these translations. Other valued supporters and readers are: Graziella Sidoli, translator and trilingual poet, of Bologna, Terry Olivi, poet, of Rome, Tiziano Dossena, editor of *L'Idea Magazine Online*; and Michael Palma, poet and translator of Dante. I also acknowledge the support of my Rochester, N.Y. friends David Michael Nixon, poet and folksinger, Joseph Thomson, artist and poet, David White, poet and philosopher, Judith Judson, critic and dance historian, and the Just Poets and Rochester Poets organizations. I thank the online magazine *Atelier Poesia*, which published, on March 15, 2019, my essay on Millay's life, with four of her sonnets and my related translations.

Introduction

Whoever may be under the impression that love poems always praise the beloved, may well be surprised by Millay's collection *Fatal Interview*, which rather than focusing on the loved one, focuses on her own, that is, the poet's emotional state during various phases of the love relationship. And as suggested by the title, not all the feelings are felicitous nor are they attitudinally and thematically uniform. The poet's disposition is constantly changing as the relationship moves through the arc that begins with the initial phase, and ends with the end of the amorous liaison. Also, while most of the sonnets are directly addressed to the beloved, a number of them are poetic monologues that while reflecting the poet's emotional perspective, may also express unconventional and in this sense political opinions. Some sonnets, with great success, address a mythological figure, a bird, or the four seasons.

Though there are fifty-two sonnets in Millay's sequence, one presumably for each week of the year, I've chosen thirty-four for this translated collection in the attempt to make "smoother" the arc of the love affair. Speculating that a reader might learn something about the typical course of amorous relationships, I nevertheless have not compared in detail Millay's sonnet sequence with others' so as to trace all of the emotional similarities or differences they represent.

We do know, however, that Petrarch, while seldom if ever breaking from a eulogistic tone towards his Laura, nevertheless, focused largely on his own feelings toward her, and it is generally difficult to glean any concrete traits regarding her. As Marianne Van Remortel, in her essay "(Re)gendering Petrarch..." points out, Laura is described in metonymic and metaphorical terms in his poems, such that she barely exists in them as an individual. Naturally, Laura served only as a muse to Petrarch, his never having had any substantial relationship with her.

With the exception of Edmund Spenser's *Amoretti* in which he expresses his love for his own fiancée in eulogistic terms, (Demers, P., "Shakespeare's Sonnet Sequence"), the sonnet sequences of Elisabethan England preceding Shakespeare's generally addressed, like Petrarch's, an unreceptive beloved—though always in eulogistic tones. This trend was changed by Shakespeare's sonnet sequence which not only exhibited various degrees of struggle in actual personal relationships, but also introduced "the dark lady" as an additional object of passion, thus introducing the emotionl complexity of a love triangle.

Among the nineteenth and twentieth century poets who revived the sonnet sequence, Elizabeth Barrett Browning in her *Sonnets from the Portuguese*, seems to be the only one who consistently addresses an actual beloved in eulogistic terms while at the same time openly describing her feelings toward him. Like Millay's *Fatal Interview*, other modern sonnet sequences addressing actual relationships, are often less than eulogistic and, at times, as in Robert Lowell's *Notebook*, are addressed to more than one beloved.

Interestingly, I have discovered there are scholars and translators who have gone so far as to take a mathematical approach to sonnet sequences, tasking themselves with measuring and describing typical relational cycles.* With regard to Millay's sequence, I have discerned approximately nine emotional phases even in my abridged version, which corroborates my feeling that the modern love sonnet sequence is likely to be turbulent, portraying pain and volatility, as well as ecstasy and in actuality, a plethora of themes and attitudes.

Millay's *Fatal Interview* love affair began in 1928 while at the University of Chicago on a reading tour. The biographies tell us that she immediately fell in love and began a relationship with the recently graduated, yet critically acclaimed poet who introduced her, George Dillon. She was 36, married, and living at her country estate, Steepletop, in Austerlitz, New York, while George was 22 and working as the associate editor of the important magazine *Poetry* in Chicago. The relationship was striking for several reasons other than immediacy, age, and marital status: Millay's husband, believing with her in the concept of "open marriage" condoned the relationship; the book *Fatal Interview* that explicated this affair was published only three years after its start; and, with Dillon unwilling to leave his Chicago employment, the frequency of their encounters during this period was minimal. Though the amorous relationship continued sporadically, even including a collaboration to translate Baudelaire's *Les Fleurs du Mal* which they did after *Fatal Interview* had been published, one has the impression that essentially, young Dillon played the role of muse in the early years of the romance, reminiscent of Laura for Petrarch or Beatrice for Dante.

According to many critics, whose perspectives have been both negative and positive, an important characteristic of this collection, is that it is written by a female, whereas the sonnet sequence as such, is seen as a traditionally masculine undertaking. One idea behind the negative criticism is explained by Suzanne Clark in her essay "Uncanny Millay" (*Millay at 100*.p. 16); she points out that beginning in the seventeen hundreds, women have been defined as "sentimental," while only men can attain the "sublime"—a sublime that is defined as an heroic characteristic and naturally masculine. Of course, such a definition of "sublime" is extremely narrow, yet, Millay's *Fatal Interview* sequence does, in fact, exhibit a tendency toward the "heroic," and "sentimentalism" here is often displaced precisely by a courageous determination. Moreover, it should be pointed out that several sequences of love sonnets have been written by women in the history of literature, the one by Ann Lok imbued with the love of God, in 1560, actually initiating the sequence tradition in England.

In Millay's time, the New Critics strongly influenced by T.S. Eliot, did not officially condemn "sentimentalism" as a feminine trait, yet they eschewed sentimentalism for its own sake, dismissing Millay as a "sentimental" poet, her gender, as a biographical fact, deemed to be irrelevant. For others, especially feminists, and probably even Millay herself, the voice of the *Fatal Interview* poet should be recognized as female due to the essentially feminist message conveyed.

It has been widely noted, that Millay was not associated with the Modernism expounded by T.S. Eliot and Ezra Pound—which during her lifetime seems to have left her behind, her own style reflecting Elizabethan forms and Romantic perspectives. Nevertheless, Millay was a well known poet much appreciated by her public, whereas the Modernists were not interested in gaining popular favor. Eliot made a modus operandi of weaving multiple allusions in his poems, in ironic and fragmented ways that depended on a knowledge of classical culture and a special understanding of his own poetry. Naturally, as highly literate, Eliot understood his own allusions and evidently felt no need to accommodate a less privileged readership. Jo Ellen Green Kaiser says in her essay, "Displaced Modernism," that "By the thirties and forties...[Pound 'forthrightly'] calls for an audience of no more than fifteen readers..[and for] ...the professionalization...of literary study [in the universities]...." (p. 37, *Millay at 100*).

This is not to say that Millay's poetry lacks cultural references, but that they are forthright and mainly recognizable by the majority of readers, and even when not precisely recognized, are identifiable and comprehensible. They are not, that is, inserted as code for scholars nor as challenges to readers, but are integrated in the clear sense of the poem. The fact is that Millay had no intention of hiding her thoughts and feelings by way of subtleties. Patricia A. Klemans in "Being Born a Woman: A New Look at Edna St. Vincent Millay," (*Colby Quarterly*, Vol. 15, Iss. 1 [1979], Art. 3, p. 11) quotes a sonnet of Millay that criticizes precisely the Modernists; here are her words:

> *It is the fashion now to wave aside... in verbiage hide*
> *Intent, or mock, .../Straightforwardness is wrong, evasion right;*
> *It is correct, de rigueur, to deride.*

As a translator of her sonnets, this being the second collection I have translated, I allow myself some opinions on Millay's art. The sonnets from *Fatal Interview*, I would say, represent a more mature artistic level than those in my collection of her earlier sonnets, *La Lira Silente/The Silent Lyre*, especially because of their more consistent form. All are Shakespearean sonnets with a clearer and less interwoven syntax, as well as a neater and more orderly logical progression. As an example, the three quatrains, as typical in the Shakespearean sonnet, are almost never connected to each other by enjambment as was often seen in Millay's early sonnets, and the volta almost always comes at the beginning of the third quatrain. The couplets, in which one expects a neat concluding assertion, are often very successful even if joined to the third quatrain. One notes, for example:

> *Life has no friend; her converts late or soon*
> *Slide back to feed the dragon with the moon. (VIII)*

Or again: *Here might you bless me; what you cannot do*
Is bow me down, who have been loved by you. (XLV)

Her allusions, in the meantime, are quite clear even when they evoke medieval settings, as when they include her capitalized, semi-allegorization of Time, Love, Beauty, and Death, or even when she occasionally refers to mythological figures. Many of her images clearly recall the knights, ladies, country maids, and poisoned gifts of fairy and folk tale, while images of the seasons, the sky, clouds, trees, flowers, birds, the moon, the sea, the shore, the tide, and the sun emerge in these sonnets clear as Renaissance bas-reliefs.

From the standpoint of cultural substance, Millay's classical and mythological allusions are certainly called to mind, nevertheless, there are those who argue that Millay is, in fact, ultra-modern. In the images, lyricism and syntax of Millay's sonnets we hear echoes of Shakespeare and John Donne, among others, but Edward Zuk points out in his thesis, "The Modernist American Sonnet,"(*UBC Theses and Dissertations, 2001*) that their more significant and innovative legacy is their diction. While other aspects of her art have been considered archaic and, as such, superfluous and "ornamental" by Modernist standards," Zuk observes that Millay had innovated "a polyphony of styles within a single poem" (p. 155), with the result that she expresses traditional and sentimental thoughts through archaisms, while expressing modern attitudes of challenge, assertiveness, independence, tenacity, and, at times, ironic indifference when using contemporary diction. These contrasts are frequently seen in the sonnets of Millay, and are supported, as I see it, by a multiplicity of idioms, that include rural, Renaissance, medieval, mythological, romantic, urban, financial, botanical, and astronomical.

This discovery, though the present translation may not precisely demonstrate it, not only endows Millay with Modernist cachet, but may perhaps provide a key to better understanding her sonnets. To the public, her poetry has been appreciated as beautiful in form and sound and imagery, while to Modernist critics, her "sentimentality" and formal traditionalism have been dismissible. Both together, it seems to me, have been responsible for neglecting her actual meaning, which, from a feminist point of view, could be seen as ultramodern. Perhaps it is time to reread Millay from the perspective suggested by Zuk, to determine the true gist of her meaning and the extent of her modernity.

*Rinaldi, S. "Laura and Petrarch: An Intriguing Case of Cyclical Love Dynamics," *SIAM J. APPL. MATH*.c©1998 Society for Industrial and Applied MathematicsVol. 58, No. 4, p. 1205, August 1998.

Riconoscimenti

Questo progetto è stato molto agevolato dal generoso appoggio delle Biblioteche di Roma che mi hanno ospitato alla Casa delle Traduzioni durante novembre 2019. Sono stata anche accolta a Roma come partecipante al Laboratorio di Poesia di Plinio Perilli, noto poeta e critico letterario.

Sono grata in particolare a Raffaele Ciminelli, poeta e romanziere di Roma, per la sua attenta, sensibile, e modesta lettura dei sonetti qui tradotti. Altri molto apprezzati sostenitori e lettori sono: Graziella Sidoli, traduttrice e poeta trilingue di Bologna, Terry Olivi, poeta di Roma, Tiziano Dossena, l'editore di *L'Idea Magazine Online*, e Michael Palma, poeta e traduttore di Dante. Riconosco anche l'appoggio degli amici di Rochester, N.Y.: David Michael Nixon, poeta e cantante folk, Joseph Thomson, artista e poeta, David White, poeta e filosofo, Judith Judson, critica e storica di danza, e le associazioni Just Poets e Rochester Poets. Ringrazio anche la rivista online *Atelier Poesia*, che pubblicò, il 15 marzo 2019, un mio articolo sulla vita di Millay insieme a quattro suoi sonetti con le mie traduzioni.

Introduzione

Chiunque abbia l'impressione che le poesie d'amore fanno sempre l'elogio dell'amato, potrebbe sorprendersi dalla raccolta *Colloquio Fatale* di Edna St. Vincent Millay, che invece di concentrarsi sull'amato, si concentra sullo stato di animo di se stessa cioè quello della voce del poeta durante le varie fasi del rapporto d'amore. E, come suggerito dal titolo, non tutte le emozioni sono felici né uniformi rispetto ai temi o al tono. Lo stato d'animo della poetessa cambia continuamente durante l'arco del rapporto che si svolge dalla fase iniziale alla fine della liaison amorosa. Inoltre, mentre la maggior parte dei sonetti sono rivolti direttamente all'amato, parecchi sono monologhi poetici che, rispecchiando la prospettiva della poetessa, possono anche esprimere opinioni insolite e in un certo senso politiche. Alcuni sonetti, con lodevole esito, si rivolgono a una figura mitologica, a un uccello, o alle quattro stagioni.

Anche se ci sono cinquantadue sonetti nella sequenza di Millay, uno, si suppone, per ogni settimana dell'anno, ho scelto trentaquattro per questa raccolta tradotta, cercando di fare più levigato l'arco della relazione amorosa. Anche prendendo in considerazione che il lettore volesse imparare qualcosa sulla tipica traiettoria delle relazioni amorose, purtroppo non ho confrontato a fondo la sequenza di sonetti di Millay con quelle di altri per trovare tutte le rassomiglianze o differenze emotive che possano rappresentare.

Si sa, però, che Petrarca, raramente devia dal tono elogiativo verso la sua Laura; nondimeno, si concentra maggiormente sui propri sentimenti verso di lei, ed è generalmente difficile scoprire i tratti distintivi della donna. Come segnala Marianne Van Remortel nel suo saggio "(Re)gendering Petrarch..," p.251, Laura viene descritta in termini metonimici o metaforici, tanto che esiste appena come individuo nei sonetti dedicati a lei. In fin dei conti, Laura serve solo come musa per Petrarca, non avendo lui mai vissuto una relazione sostanziale con l'amata.

Con l'eccezione degli *Amoretti* di Edmund Spenser, in cui esprime il suo amore per la sua fidanzata in termini di elogio (Demers, P., "Shakespeare's Sonnet Sequence"), le sequenze di sonetti elisabettiani che precedettero quella di Shakespeare, si rivolgevano come quella di Petrarca, a un'amata non accogliente, ma sempre con elogi. Questa tendenza fu cambiata nella sequenza di sonetti shakespeariana, che esibisce non solo sofferenza di diversi gradi di fronte a relazioni amorose attuali, ma aggiunge anche "la donna oscura" come oggetto di passione, così aumentando la complessità con un triangolo amoroso.

Fra i poeti dell'ottocento e novecento che risuscitarono la sequenza di sonetti, Elizabeth Barrett Browning, nei suoi *Sonetti dalla portoghesa*, sembra la sola che si sia rivolta con costanza a un amato attuale in termini di elogio, esprimendo apertamente le sue lodi per lui. Come *Colloquio Fatale* di Millay, altre sequenze moderne, anche riferendosi a relazioni attuali, sono spesso meno elogiative e talvolta, come nel caso del *Notebook* di Robert Lowell, si rivolgono a più di un oggetto d'amore.

Ci sono studiosi e traduttori che si sono persino avvicinati alle sequenze di sonetti in modo matematico, impegnandosi a misurare e descrivere la tipologia dei cicli relazionali amorosi.* Riguardo alla sequenza di Millay, ho percepito nove fasi emotive anche nella mia versione ridotta, il che avvalora il mio parere che le sequenze di sonetti moderne tendono alla turbolenza, spesso rappresentando sofferenza e instabilità, come anche estasi e una pletora di temi e atteggiamenti.

Il rapporto amoroso di *Colloquio Fatale* di Millay ebbe inizio nel 1928 all'università di Chicago mentre faceva un giro di recitazioni. Le biografie ci dicono che si era innamorata subito, entrando in una relazione con Giorgio Dillon, un poeta appena laureato, ma già criticamente noto, e incaricato a presentarla. Lei aveva 36 anni, era sposata, e abitava nella sua tenuta Steepletop, ad Austerlitz, New York, mentre Giorgio aveva 22 anni e lavorava come editore aggiunto di una rivista importante di Chicago, *Poetry*. Il rapporto era eccezionale per una ragione che va oltre l'impetuosità, la differenza d'età, i loro stati civili diversi, e la tolleranza dello sposo di Millay, che atteneva con sua moglie al "matrimonio aperto." Dacché Dillon non era disposto a lasciare il suo lavoro a Chicago, la frequenza dei loro incontri durante questo periodo era minima. Però fu durante questo periodo di tre anni iniziali che fu scritta e pubblicata la sequenza di sonetti esplicativa della relazione. Per di più, questa relazione amorosa continuò sporadicamente e più tardi, comprese una collaborazione atta a tradurre *Les Fleurs du Mal* di Baudelaire— malgrado la finalità dipinta in *Colloquio Fatale*. Si ha l'impressione che in questo lavoro, il giovane Dillon ebbe il ruolo di musa di Millay, rievocando la Laura di Petrarca e la Beatrice di Dante.

Secondo tanti critici, con opinioni sia negative che positive, una caratteristica importante di questa sequenza sarebbe che è stata scritta da una donna, al contrario della convenzione per le sequenze di sonetti che aspetta un uomo poeta. Un'idea che sostiene questa critica negativa viene spiegata da Suzanne Clark nel suo saggio "Uncanny Millay" (*Millay at 100*, p. 16); dice che, incominciando dal settecento, le donne sono state etichettate come "sentimentali," mentre solo gli uomini potevano raggiungere il "sublime"—un sublime che viene definito come una caratteristica eroica e naturalmente maschile. Certo che una tale definizione di "sublime" è molto ristretta, però la sequenza *Colloquio Fatale* di Millay esibisce, infatti, una tendenza verso "l'eroico"; il "sentimentalismo" è rimpiazzato molto spesso da una determinazione coraggiosa. In modo analogo, mi sembra giusto segnalare qui che parecchie sequenze di sonetti amorosi sono state scritte da donne nella storia della letteratura, come quella di Ann Lok nel 1560, che dando voce alla sua relazione con Dio, addirittura iniziò la sequenza di sonetti in Inghilterra.

Poco dopo la pubblicazione di *Colloquio Fatale*, la Nuova Critica, teoria formalistica ritenuta nel primo novecento da accademici come T.S. Eliot, non ha ufficialmente condannato il "sentimentalismo" come caratteristica femminile. Respinse però il sentimentalismo a sé stante, disprezzando Millay, semplicemente come poeta sentimentale, il suo genere come fatto biografico, secondo loro, irrilevante. Per altri invece, soprattutto per i femministi, e probabilmente per Millay stessa, la voce di *Colloquio Fatale* deve essere necessariamente riconosciuta come femminile.

E stato largamente annotato che la Millay non si era associata con il modernismo di T.S. Eliot ed Ezra Pound durante la sua vita. Esso sembrava di averla sorpassata—il suo stile rispecchiando piuttosto forme elisabettiane e prospettive romantiche. Nondimeno, Millay era una poetessa molto conosciuta e apprezzata dal suo pubblico, mentre i modernisti non erano interessati ad ingraziarsi il pubblico. Eliot aveva l'usanza di intrecciare molte allusioni nelle sue poesie, in modi ironici e frammentati che dipendevano dalla conoscenza della cultura classica e una comprensione particolare della propria poesia. Naturalmente, come sommo letterato, Eliot capiva le sue allusioni e non sentiva la necessità di accomodare i lettori meno colti. Jo Ellen Green Kaiser afferma nel suo saggio "Displaced Modernism," che entro gli anni '30 e '40...[Pound, francamente] propone un pubblico di non più di quindici lettori...[e]...la professionalizzazione...dello studio della letteratura [nelle università]..." (p. 37, *Millay at 100*).

Non vogliamo dire che nella poesia di Millay manchino allusioni culturali; ma sono principalmente riconoscibili dalla maggior parte dei lettori, e, anche se non precisamente riconosciute, sono identificabili e comprensibili. Non sono, cioè, inserite come codice per gli studiosi né come sfide ai lettori comuni; sono invece integrate nel chiaro significato della poesia. Il fatto è che Millay non intendeva nascondere i suoi pensieri e sentimenti tramite sottilezze. Patricia A. Klemans nel suo saggio "Being Born a Woman: A New Look at Edna St. Vincent Millay" (*Colby Quarterly*, Vol. 15, Iss. 1 [1979], Art. 3, p. 11) cita un sonetto di Millay che critica precisamente i modernisti—eccolo condensato:

> *È la moda ora di schermire/...e con prolissità occultare*
> *L'intenzione, o deridere..../Candore è sbagliato, l'evitare giusto;*
> *È corretto, de rigueur, prendere in giro.*

Come traduttrice dei suoi sonetti, questa essendo la seconda raccolta che ho tradotto, mi permetto alcune opinioni sull'arte di Millay. I sonetti di *Colloquio Fatale*, secondo me, rappresentano un livello artistico più maturo di quello visto nella mia raccolta *La Lira Silente/ The Silent Lyre*, anzitutto per la loro forma più coerente. Tutti sono sonetti shakespeariani con una sintassi più chiara e meno intrecciata, con, in aggiunta, una progressione logica più nitida e ordinata. Per esempio, le tre quartine tipiche del sonetto shakespeariano, al contrario di come si è visto nei primi sonetti, qui sono quasi mai connesse dal enjambement, e la "volta" in cui l'argomento viene tipicamente invertito nei sonetti, quasi sempre accade all'inizio della terza quartina. Le distiche in cui si aspetta una nitida dichiarazione, sono spesso molto riuscite anche se legate alla terza quartina. Si nota:

> *La vita non ha amici; i suoi novizi prima o poi*
> *Scivolano indietro per sfamare il drago con la luna.*

Oppure: *Ora potresti benedirmi; quel che tu non puoi*
È di piegarmi, che da te sono stata amata.

Le sue allusioni, nel frattempo, sono molto chiare, anche quando rievocano scenari medioevali con semi-allegorizzati Tempo, Amore, Bellezza, e Morte in maiuscole, o magari quando si riferisce a figure mitologiche. Molti delle sue immagini rievocano chiaramente i cavalieri, le dame, le donzelle, e i doni avvelenati delle favole o dei racco nti popolari, mentri le immagini delle stagioni, il cielo, le nuvole, gli alberi, i fiori, gli uccelli, la luna, il mare, la sponda, la marea, e il sole affiorano in questi sonetti, chiare quanto bassirilievi rinascimentali.

Dal punto di vista di contenuto culturale, si pensa particolarmente alle allusioni classiche e mitologiche della Millay; anche quando ci sono studiosi che affermano invece che Millay è, in realtà, ultramoderna. Nelle immagini, il liricismo, e la sintassi dei suoi sonetti sentiamo gli echi di Shakespeare e John Donne, fra altri, ma Edward Zuk nella sua tesi "The Modernist American Sonnet," (*UBC Theses and Dissertations, 2001*) fa notare che il lascito più importante e innovativo di questi modelli è stato i loro idiomi. Anche quando altri aspetti della sua arte sono stati giudicati arcaici, superflui e "ornamentali" dai modernisti, Zuk segnala che la Millay aveva introdotto "una polifonia di stili dentro un'unica poesia" (p. 155), col risultato che esprime pensieri tradizionali e sentimentali tramite arcaismi, e atteggiamenti moderni di sfida, assertività, independenza, tenacia, e magari indifferenza tramite idiomi moderni. Questi contrasti si trovano sempre nei sonetti di Millay, e, secondo me, sono sostenuti da una varietà di idiomi fra cui: campagnoli, urbani, mitologici, romantici, medioevali, rinascimentali, finanziari, ornitologici, botanici, e astronomici.

Questa teoria dota Millay non solo di una qualità moderna, ma può anche fornire una chiave alla migliore comprensione dei suoi sonetti. Dal pubblico, la sua poesia è stata apprezzata per la sua bellezza di forma, suono, e immagine; per i critici modernisti, la sua "sentimentalità" e il suo tradizionalismo formale l'hanno resa irrilevante. Entrambi, secondo me, sono stati responsabili della disattenzione al suo significato fondamentale, cioè che dal punto di vista femminista, Millay si può considerare ultramoderna. È forse ora di rileggere Millay, dalla prospettiva suggerita da Zuk, per capire meglio l'essenziale della sua rilevanza e la misura della sua modernità.

*Rinaldi, S. Laura and Petrarch: An Intriguing Case of Cyclical Love Dynamics," *SIAM J. APPL.MATH.*c©1998 Society for Industrial and Applied MathematicsVol. 58, No. 4, p. 1205, August 1998.

Sonnets from Fatal Interview

Sonetti da Colloquio Fatale

What thing is this that, built of salt and lime
And such dry motes as in the sunbeam show,
Has power upon me that do daily climb
The dustless air? — for whom those peaks of snow
Whereup the lungs of man with borrowed breath
Go labouring to a doom I may not feel,
Are but a pearled and roseate plain beneath
My wingéd helmet and my wingéd heel.
What sweet emotions neither foe nor friend
Are these that clog my flight? what thing is this
That hastening headlong to a dusty end
Dare turn upon me these proud eyes of bliss?
Up, up, my feathers! — ere I lay you by
To journey barefoot with a mortal joy.
(I)

Che cosa è questo che, fatto di sale e calce
E di schegge secche scorte nei raggi del sole,
Ha potere su di me, che scalo giornalmente
L'aria pura?—me a cui quelle vette nevose
Onde i polmoni umani con respiro stentato
Faticano verso una fine per me incomprensibile,
Mere pianure perlate e rosate sotto
L'elmo mio alato e i miei talloni alati.
Che dolci emozioni né nemiche né amiche
Sono queste che m'intralciano il volo? Cos'è questo
Che lanciandosi a capofitto verso una meta polverosa
Osa volgermi questi occhi orgogliosi di gioia?
Subito, su, le mie ali! —prima che vi rinunci
Per vagare scalza in estasi mortale.

This beast that rends me in the sight of all,
This love, this longing, this oblivious thing,
That has me under as the last leaves fall,
Will glut, will sicken, will be gone by spring.
The wound will heal, the fever will abate,
The knotted hurt will slacken in the breast;
I shall forget before the flickers mate
Your look that is today my east and west.
Unscathed, however, from a claw so deep
Though I should love again I shall not go:
Along my body, waking while I sleep,
Sharp to the kiss, cold to the hand as snow,
The scar of this encounter like a sword
Will lie between me and my troubled lord.
(II)

Questa bestia che mi strazia davanti a tutti per
Questo amore, questa sete, questa cosa incurante,
Gravando su di me mentre cadono le ultime foglie,
Traboccherà, marcirà, sparirà entro primavera.
La piaga guarirà, la febbre si calmerà,
Il dolore contratto nel petto si scioglierà;
E dimenticherò prima che si accoppiano le braci
Il tuo sguardo che è oggi per me ponente e levante.
Illesa, però, da grinfie tanto lancinanti
Anche amando di nuovo, non sarò rimasta:
Lungo il mio corpo, vivo mentre io dormo,
Affilato al bacio, e freddo al tocco quanto neve,
Lo sfregio di quest'incontro come una spada
Giacerà tra me e il mio signore sconsolato.

No lack of counsel from the shrewd and wise
How love may be acquired and how conserved
Warrants this laying bare before your eyes
My needle to your north abruptly swerved;
If I would hold you, I must hide my fears
Lest you be wanton, lead you to believe
My compass to another quarter veers,
Little surrender, lavishly receive.
But being like my mother the brown earth
Fervent and full of gifts and free from guile,
Liefer would I you loved me for my worth,
Though you should love me but a little while,
Than for a philtre any doll can brew, —
Though thus I bound you as I long to do.
(III)

Consigli che non mancano da scaltri e savi
Su come acquistare e conservare l'amore
Permettono di svelare davanti ai tuoi occhi
Il mio ago che di scatto tende verso il tuo nord;
Se voglio tenerti, devo celare la mia paura
Che tu sia incostante…..ma farti credere che
La mia bussola verso un altro quadrante giri,
Concedere poco, accettare in abbondanza.
Ma io sono come mia madre la terra franca
Sincera, piena di doni, e priva d'astuzia,
E preferisco che mi ami per mio merito,
Anche per breve tempo amandomi,
E non per qualche filtro da maliarda,
Anche se così ti legassi, come tanto desidero.

Not in a silver casket cool with pearls
Or rich with red corundum or with blue
Locked, and the key withheld, as other girls
Have given their loves, I give my love to you;
Not in a lovers'-knot, not in a ring
Worked in such fashion and the legend plain—
Semper fidelis, where a secret spring
Kennels a drop of mischief for the brain:
Love in the open hand, no thing but that,
Ungemmed, unhidden, wishing not to hurt,
As one should bring you cowslips in a hat
Swung from the hand, or apples in her skirt,
I bring you, calling out as children do:
"Look what I have! - And these are all for you."
(XI)

Non in uno scrigno d'argento brinato con perle
Né ricco con corindone rosso o viola
Non chiuso, con chiave negata, che altre ragazze
Danno agl'innamorati, do io a te il mio amore;
Non in un laccio d'amore, ne in un anello
Parimenti intrecciato e la leggenda chiara—
Semper fidelis, né con una certa molla che
Ingabbia una goccia maliziosa per il cervello:
Amore a mano aperta, e nessun'altra cosa,
Senza gemme, nulla celando, curando di non ferire,
Come una che ti porta, dondolando dalla mano
Primule in una cuffia, o mele nel grembiule,
Ti porto io, chiamando come fanno i bimbi,
"Guarda che ho qui!—E sono tutte per te."

Strange thing that I, by nature nothing prone
To fret the summer blossom on its stem,
Who know the hidden nest, but leave alone
The magic eggs, the bird that cuddles them,
Should have no peace till your bewildered heart
Hung fluttering at the window of my breast,
Till I had ravished to my bitter smart
Your kiss from the stern moment, could not rest.
"Swift wing, sweet blossom, live again in air!
Depart, poor flower; poor feathers you are free!"
Thus do I cry, being teased by shame and care
That beauty should be brought to terms by me;
Yet shamed the more that in my heart I know,
Cry as I may, I could not let you go.
(X)

Strano che io, per natura niente portata
A molestare il bocciolo d'estate sullo stelo,
Né, accorta del nido celato, a disturbare
Le uova magiche e l'uccello che le cova,
Non abbia pace finché il tuo cuore sbigottito
Sospeso, svolazzi alla mia finestra,
E io non abbia rapito a mio amaro rimpianto
Il tuo bacio, irrequieta, fino a quel momento.
"Ala rapida, dolce fiore, vivi ancora in aria!
Vai via, povero fiore; povere piume siate liberi!"
Così piango, turbata da vergogna e dal pensiero
Che Bellezza sia costretta da me a piegarsi;
Tanto più sono afflitta che in mio cuore lo so,
Piangendo o no, non posso lasciarti andare.

When you are dead, and your disturbing eyes
No more as now their stormy lashes lift
To lance me through—as in the morning skies
One moment, plainly visible in a rift
Of cloud, two splendid planets may appear
And purely blaze, and are at once withdrawn,
What time the watcher in desire and fear
Leans from his chilly window in the dawn—
Shall I be free, shall I be once again
As others are, and count your loss no care?
Oh, never more, till my dissolving brain
Be powerless to evoke you out of air,
Remembered morning stars, more fiercely bright
Than all the Alphas of the actual night.
(IX)

Quando sei morto, e i tuoi occhi inquietanti
Con ciglia tempestose non s'innalzano più
Per trafiggermi—come nei cieli mattutini
Chiari e visibili in uno squarcio di nuvola
Appaiano due pianeti splendidi che
Fiammeggiano un momento, quindi sparendo,
Chi mira in languore e paura a quell'ora
Si sporge dalla finestra fredda nell'alba—
E io, libera sarò, sarò io di nuovo
Come sono gli altri, inerte alla tua perdita?
Ah, no, tutto tranne, finché il mio cervello
Non sia incapace di rievocare dal nulla te
O dalle stelle mattutine memorabili, brillanti più
Di tutte le Alfa Centauri della notte attuale!

Time, that is pleased to lengthen out the day
For grieving lovers parted or denied,
And pleased to hurry the sweet hours away
From such as lie enchanted side by side,
Is not my kinsman; nay, my feudal foe
Is he that in my childhood was the thief
Of all my mother's beauty, and in woe
My father bowed, and brought our house to grief.
Thus, though he think to touch with hateful frost
Your treasured curls, and your clear forehead line,
And so persuade me from you, he has lost;
Never shall he inherit what was mine.
When time and all his tricks have done their worst,
Still will I hold you dear, and him accurst.
(XXXII)

Tempo, che ha piacere di allungare la giornata
Degli amanti addolorati per lontananza o diniego,
E contento di far scappare via le dolci ore
Da quelli che giacciono incantati fianco a fianco,
Non è mio parente; no, è il mio nemico feudale
Quello che quando ero bimba rubò
Tutta la bellezza di mia madre, e in pena
Curvò la schiena a mio padre, portandoci in rovina.
Quindi, se Esso pensa di toccare con odiosa brina
I tuoi cari riccioli, e con rughe la tua chiara fronte,
Così allontanandomi da te, ha perduto;
Mai sarà erede di quel che è stato mio.
Quando Tempo e le sue truffe avranno fatto il peggio,
Io ti terrò sempre caro, ed Esso dannato.

Yet in an hour to come, disdainful dust,
You shall be bowed and brought to bed with me.
While the blood roars, or when the blood is rust
About a broken engine, this shall be.
If not today, then later; if not here
On the green grass, with sighing and delight,
Then under it, all in good time, my dear,
We shall be laid together in the night.
And ruder and more violent, be assured,
Than the desirous body's heat and sweat
That shameful kiss by more than night obscured
Wherewith at length the scornfullest mouth is met.
Life has no friend; her converts late or soon
Slide back to feed the dragon with the moon.
(VIII)

Eppure in un'ora a venire, sdegnoso pulviscolo,
Sarai vinto e portato a letto con me.
Mentre il sangue romba, o giace arrugginito
Intorno a un motore rotto, questo si avvererà.
Se non oggi, più tardi; se non qui
Sull'erba verde, con sospiri e diletto,
Poi a tempo debito, caro mio, sotto di essa,
Saremo distesi insieme nella notte.
E più grezzo e più violento, sii sicuro,
Del fuoco e del sudore dei bramosi corpi
Sarà quel bacio infame celato da più che notte
In cui infine, la più sprezzante bocca si incontrerà.
La vita non ha amici; i suoi novizi prima o poi
Scivolano indietro per sfamare il drago con la luna.

Since I cannot persuade you from this mood
Of pale preoccupation with the dead,
Not for my comfort nor for your own good
Shift your concern to living bones instead;
Since that which Helen did and ended Troy
Is more than I can do though I be warm,
Have up your buried girls, egregious boy,
And stand with them against the unburied storm.
When you lie wasted and your blood runs thin,
And what's to do must with dispatch be done,
Call Cressid, call Elaine, call Isolt in!—
More bland the ichor of a ghost should run
Along your dubious veins than the rude sea
Of passion pounding all day long in me.
(VI)

Poiché non posso dissuaderti da questo umore
Di pallida ossessione per i morti,
Né per mio conforto né per tuo bene
Spostare il tuo pensiero invece a ossa vive;
Dacché quel che Elena fece distruggendo Troia
È più di quanto posso io anche essendo viva,
Convoca le tue ragazze sepolte, novizio egregio,
E combatti con loro la tempesta esumata.
Quando giaci esausto e il tuo sangue dirada,
E quel che si deve fare bisogna sbrigare,
Chiama Cressida, chiama Elaine, chiama Isolda!—
Lungo le tue vene dubbiose l'icore di un fantasma
Correrebbe molto più fluido che nel rozzo mare
Di passione che martella tutta la giornata in me.

Night is my sister, and how deep in love,
How drowned in love and weedily washed ashore,
There to be fretted by the drag and shove
At the tide's edge, I lie—these things and more:
Whose arm alone between me and the sand,
Whose voice alone, whose pitiful breath brought near,
Could thaw these nostrils and unlock this hand,
She could advise you, should you care to hear.
Small chance, however, in a storm so black,
A man will leave his friendly fire and snug
For a drowned woman's sake, and bring her back
To drip and scatter shells upon the rug.
No one but Night, with tears on her dark face,
Watches beside me in this windy place.
(VII)

La Notte è mia sorella, e come innamorata,
Quanto annegata in amore e con alghe trascinata a riva,
Lì agitata dallo struscio e l'urto
Giaccio io al bordo della marea—questo lo sa e ancora:
Di chi fosse l'unico braccio posto tra me e la sabbia,
Di chi fosse l'unica voce, l'unico soffio avvicinato che,
Potrebbe sbrinarmi le narici e snodarmi la mano,
Può avvisarti Lei, se t'interessa di sapere.
Poco probabile, però, sotto una bufera tanto nera,
Che un uomo lasci il suo focolare amico e comodo
Per il bene di una donna annegata, a ricuperarla
Vuotando e spargendo gusci sul tappeto.
Solo la Notte, con lagrime sul buio viso,
Veglia accanto a me in questo luogo ventoso.

Sweet love, sweet thorn, when lightly to my heart
I took your thrust, whereby I since am slain,
And lie disheveled in the grass apart,
A sodden thing bedrenched by tears and rain,
While rainy evening drips to misty night,
And misty night to cloudy morning clears,
And clouds disperse across the gathering light,
And birds grow noisy, and the sun appears —
Had I bethought me then, sweet love, sweet thorn,
How sharp an anguish even at the best,
When all's requited and the future sworn,
The happy hour can leave within the breast,
I had not so come running at the call
Of one who loves me little, if at all.
(XVII)

Dolce amore, dolce spina, quando il mio cuore
Colse la tua puntura, per cui sono adesso affranta,
Giacendo in disordine, sull'erba appartata,
Una cosa inzuppata, fradicia di lagrime e pioggia,
Mentre la sera piovosa sgocciola verso notte,
E la nebbiosa notte schiarisce a mattina annuvolata,
E le nuvole si disperdono nella luce crescente,
E gli uccelli si fanno chiassosi, e il sole appare—
Se io avessi previsto, dolce amore, dolce spina,
Lo strazio così pungente, persino nei momenti migliori,
Dopo che tutto si era scambiato e il futuro giurato,
Che quell'ora felice avesse lasciato nel petto,
Non sarei venuta in fretta all'invito
Di uno che mi ama poco, o persino non affatto.

Think not, nor for a moment let your mind,
Wearied with thinking, doze upon the thought
That the work's done and the long day behind,
And beauty, since 'tis paid for, can be bought.
If in the moonlight from the silent bough
Suddenly with precision speak your name
The nightingale, be not assured that now
His wing is limed and his wild virtue tame.
Beauty beyond all feathers that have flown
Is free; you shall not hood her to your wrist,
Nor sting her eyes, nor have her for your own
In any fashion; beauty billed and kissed
Is not your turtle; tread her like a dove
She loves you not; she never heard of love.
(XX)

Non pensare, né per un attimo lascia che la mente,
Esausta dal pensare, sonnechi sull'idea
Che il lavoro sia finito e la lunga giornata sia passata,
E che Bellezza, già appagata, possa essere comprata.
Se da un ramo silenzioso sotto la luna
All'improviso pronuncia il tuo nome preciso
L'usignolo, non essere sicuro che adesso
La sua ala sia calcinata e la sua selvaggia virtù domata.
La Bellezza al di là di tutte le piume giammai volate
È sempre libera; tu non l'incappuccerai al polso,
Né le pungerai gli occhi, né la terrai per te proprio
In qualsiasi modo; la Bellezza baciata e bisbigliata
Non è la tua cocca; accoppiandola come una palomba
Non ti ama; non ha mai sentito di amore.

Peril upon the paths of this desire
Lies like the natural darkness of the night,
For me unpeopled; let him hence retire
Whom as a child a shadow could affright;
And fortune speed him from this dubious place
Where roses blenched or blackened of their hue,
Pallid and stemless float on undulant space,
Or clustered hidden shock the hand with dew.
Whom as a child the night's obscurity
Did not alarm, let him alone remain,
Lanterned but by the longing in the eye,
And warmed but by the fever in the vein,
To lie with me, sentried from wrath and scorn
By sleepless Beauty and her polished thorn.
(XXV)

Rischio, lungo i sentieri di questo desiderio
Giace come il buio naturale della notte,
Per me spopolato; che si ritiri di qua
Chi da bambino un'ombra abbia impaurito;
E che Fortuna l'affretti da questo posto precario
Dove rose di tinta sbiancata o annerita,
Pallide e senza stelo galleggiano sull'ondulante spazio,
E ciocche nascoste scioccano la mano di rugiada.
Chi invece da bambino l'oscurità della notte
Non sgomentò, solo lui rimanga,
Illuminato soltanto dal desiderio negli occhi,
E riscaldato soltanto dalla febbre nelle vene,
A coricarsi con me, custodito contro l'ira e il disprezzo
Dalla sentinella Bellezza e la sua lucida spina.

Women have loved before as I love now;
At least, in lively chronicles of the past—
Of Irish waters by a Cornish prow
Or Trojan waters by a Spartan mast
Much to their cost invaded—here and there,
Hunting the amorous line, skimming the rest,
I find some woman bearing as I bear
Love like a burning city in the breast.
I think however that of all alive
I only in such utter, ancient way
Do suffer love; in me alone survive
The unregenerate passions of a day
When treacherous queens, with death upon the tread,
Heedless and willful, took their knights to bed.
(XXVI)

Le donne amarono in passato come adesso amo io;
Almeno, nelle cronache vivaci dell'antichità—storie
Di acque irlandesi da una prua cornica
O di acque troiane da un albero spartano
A loro grande perdita invase—leggendo qua e là,
In cerca del verso amoroso, tralasciando il resto,
Trovo qualche donna come me che sorregge
Nel petto l'amore come una città in fiamme.
Penso, però, che fra tutte le viventi
Solo io in tal modo arcaico assoluto
Perduro nell'amore; soltanto in me sopravvivono
Le impenitenti passioni di un giorno
In cui regine infide, con la morte sullo scalino,
Disinvolte e ostinate, portavano a letto i loro cavalieri.

Olympian gods, mark now my bedside lamp
Blown out; and be advised too late that he
Whom you call sire is stolen into the camp
Of warring Earth, and lies abed with me.
Call out your golden hordes, the harm is done:
Enraptured in his great embrace I lie;
Shake heaven with spears, but I shall bear a son
Branded with godhead, heel and brow and thigh.
Whom think not to bedazzle or confound
With meteoric splendours of display
Of blackened moons or suns or the big sound
Of sudden thunder on a silent day;
Pain and compassion shall he know, being mine, —
Confusion never, that is half divine.
(XII)

Dei d'Olimpia, notate ora la mia lampada da letto
Spenta; e siate avvisate troppo tardi che lui
Che chiamate sire è strisciato nel campo
Del Mondo in guerra, e si sdraia a letto con me.
Congedate la vostra armata aurea, il danno è fatto:
Rapita nel suo grande abbraccio giaccio;
Scuotete il cielo con aste, ma io partorirò un figlio
Marchiato da divinità, calcagno, fronte, e femore.
Che non pensiate di sbalordirlo o di scompigliarlo
Con splendori meteorici o spettacoli
Di lune o di soli anneriti o con grande rombo
Di tuono improvviso in mezzo a un giorno silente;
Dolore e compassione conoscerà, essendo mio,—
Confusione mai, per chi è a metà divino.

I said, seeing how the winter gale increased,
Even as waxed within us and grew strong
The ancient tempest of desire, "At least,
It is the season when the nights are long.
Well flown, well shattered from the summer hedge
The early sparrow and the opening flowers! —
Late climbs the sun above the southerly edge
These days, and sweet to love those added hours."
Alas, already does the dark recede,
And visible are the trees against the snow.
Oh, monstrous parting, oh, perfidious deed,
How shall I leave your side, how shall I go? . . .
Unnatural night, the shortest of the year,
Farewell! 'Tis dawn. The longest day is here.
(XIII)

Dissi, visto che la burrasca invernale aumentava,
E prendeva forza pure dentro di noi
La tempesta antica del desiderio, "Perlomeno,
È la stagione delle notti lunghe.
Ben librati in volo, e scattati dalla siepe estiva
Sono i primi passeri e i fiori nascituri!—
Tardi sale il sole sopra il ciglio meridiano
In questi giorni, e per l'amore sono dolci le ore in più."
Ohimé, di già sta per recedere il buio,
E già si vede il profilo degli alberi contro la neve.
Oh, orribile commiato, oh, atto perfido,
Come lasciare il tuo fianco, come partire? . . .
Notte contro natura, la più breve dell'anno,
Addio! È l'alba. Il giorno il più lungo è arrivato.

I dreamed I moved among the Elysian fields,
In converse with sweet women long since dead;
And out of blossoms which that meadow yields
I wove a garland for your living head.
Danae, that was the vessel for a day
Of golden Jove, I saw, and at her side,
Whom Jove the Bull desired and bore away,
Europa stood, and the Swan's featherless bride.
All these were mortal women, yet all these
Above the ground had had a god for guest;
Freely I walked beside them and at ease,
Addressing them, by them again addressed,
And marvelled nothing, for remembering you,
Wherefore I was among them well I knew.
(XVI)

Sognai che camminavo nei campi Elisi,
Parlando con le dolci dame, morte ormai da tanto;
E coi fiori che in quei campi prosperano
Intrecciai una ghirlanda per il tuo capo vivente.
Danae, che fu per un giorno il crogiolo
Dell'aureo Giove, vidi, e a suo lato,
Lei che Giove il Toro desiderò e portò via,
Europa, e anche la sposa priva di piume del Cigno.
Tutte furono donne mortali, ma ciascuna di loro
Sulla terra, ebbe un dio come ospite;
Andavo liberamente con loro e a mio agio,
Rivolgendomi a loro e da loro ricevendo risposta,
E senza meraviglia, poiché pensando a te,
Capivo perché ero ben accolta fra di loro.

Moon, that against the lintel of the west
Your forehead lean until the gate be swung,
Longing to leave the world and be at rest,
Being worn with faring and no longer young,
Do you recall at all the Carian hill
Where worn with loving, loving late you lay,
Halting the sun because you lingered still,
While wondering candles lit the Carian day?
Ah, if indeed this memory to your mind
Recall some sweet employment, pity me,
That with the dawn must leave my love behind,
That even now the dawn's dim herald see!
I charge you, goddess, in the name of one
You loved as well: endure, hold off the sun.
(XXVII)

Luna, che contro l'architrave dell'ovest
La tua fronte appoggi finché non si apra il cancello,
Volendo lasciare il mondo per riposarti,
Esausta dal tirar avanti e giovane non più,
Ricordi un po' la collina cariana
Dove stremata d'amore, amando tardi giacqui,
Arrestando il sole perché tu indugiavi ancora,
E le candele stupite accesero il giorno di Caria?
Ah, se infatti questa memoria alla tua mente
Rievochi qualche dolce svago, abbi pietà di me,
Che all'alba devo lasciare il mio amato,
E proprio adesso il fioco nunzio dell'alba vedo!
Mi raccomando, Dea, in nome di alcuno
Che anche tu hai amato: resisti, ritarda il sole.

When we are old and these rejoicing veins
Are frosty channels to a muted stream,
And out of all our burning there remains
No feeblest spark to fire us, even in dream,
This be our solace: that it was not said
When we were young and warm and in our prime,
Upon our couch we lay as lie the dead,
Sleeping away the unreturning time.
O sweet, O heavy-lidded, O my love,
When morning strikes her spear upon the land,
And we must rise and arm us and reprove
The insolent daylight with a steady hand,
Be not discountenanced if the knowing know
We rose from rapture but an hour ago.
(XXVIII)

Quando siamo vecchi e queste vene giubilanti
Sono canali ghiacciati di un ruscello muto,
E di tutto il nostro fiammeggiare rimane
Neanche una piccola scintilla per accenderci,
Che questo sia il nostro conforto: che non si è detto
Quando eravamo giovani e caldi e nel fior degli anni,
Che stemmo sul divano stesi come morti,
Sprecando in sonno il tempo che mai più ritorna.
O dolce, O sonnacchioso, O mio amore,
Quando il mattino sbatte la sua spada a terra,
E noi dobbiamo alzarci e armarci per affrontare
La luce arrogante con mano salda,
Non t'imbarazzare se i sapienti sanno
Che ci siamo alzati dall'estasi solo un'ora fa.

Now by this moon, before this moon shall wane
I shall be dead or I shall be with you!
No moral concept can outweigh the pain
Past rack and wheel this absence puts me through;
Faith, honour, pride, endurance, what the tongues
Of tedious men will say, or what the law—
For which of these do I fill up my lungs
With brine and fire at every breath I draw?
Time, and to spare, for patience by and by,
Time to be cold and time to sleep alone;
Let me no more until the hour I die
Defraud my innocent senses of their own.
Before this moon shall darken, say of me:
She's in her grave, or where she wants to be.
(XXII)

Giuro su questa luna che prima del suo declino
Sarò morta o sarò insieme a te!
Nessun concetto morale può pesare più del dolore,
Più della tortura che questa lontananza m'infligge;
Fede, onore, orgoglio, resistenza, citati nei
Detti di uomini noiosi, e dalla legge rispettati—
Per quali di queste cose mi riempio i polmoni
Con fuoco e salamoia con ogni mio fiato?
Tempo abbondante ci sarà per pazientare prima o poi,
Tempo per essere freddi e per dormire soli;
Che non mi lascino più, fino all'ora della mia morte
Defraudare i miei sensi innocenti da quel che è di loro.
Prima che s'oscuri questa luna, di' di me:
È nella sua tomba, oppure dove lei desidera.

Whereas at morning in a Jeweled Crown
I bit my fingers and was hard to please,
Having shook disaster till the fruit fell down
I feel tonight more happy and at ease:
Feet running in the corridors, men quick-
Buckling their sword-belts, bumping down the stair,
Challenge, and rattling bridge-chain, and the click
Of hooves on pavement—this will clear the air.
Private this chamber as it has not been
In many a month of muffled hours; almost,
Lulled by the uproar, I could lie serene
And sleep, until all's won, until all's lost,
And the door's opened and the issue shown,
And I walk forth Hell's Mistress—or my own.
(XXIV)

Anche se di mattino portando una Corona Ingioiellata
Mi rosicchiavo le dita ed ero incontentabile,
Avendo scosso il disastro finché cadde la frutta
Stasera sono sollevata e a mio agio: sentendo
Piedi che corrono nel corridoio, uomini in fretta
Allaciandosi le spade, scendendo a strappi le scale,
Sfide, sferragliare di catene al ponte, scatto
Di zoccoli sulla carreggiata—questi chiariranno le cose.
Solo mia adesso questa camera come non è stata
Per tanti mesi di ore attutite; quasi,
Cullata dal chiasso, potrei sdraiarmi serena
A dormire fino a quando tutto è vinto oppure perso,
La porta aperta e l'esito mostrato,
E io in piedi padrona dell'Inferno…oppure di me stessa.

Love me no more, now let the god depart,
If love be grown so bitter to your tongue!
Here is my hand; I bid you from my heart
Fare well, fare very well, be always young.
As for myself, mine was a deeper drouth:
I drank and thirsted still; but I surmise
My kisses now are sand against your mouth,
Teeth in your palm and pennies in your eyes.
Speak but one cruel word, to shame my tears;
Go, but in going, stiffen up my back
To meet the yelping of the mustering years —
Dim, trotting shapes that seldom will attack
Two with a light who match their steps and sing:
To one alone and lost, another thing.
(XXXIX)

Non mi amare più, lascia che parta il dio,
Se l'amore è diventato amaro per la tua bocca!
Ecco la mia mano; ti auguro di cuore
Che stia bene, sta molto bene, e sempre giovane.
Quanto a me, la mia fu una sete più profonda:
Bevvi ed ebbi ancora sete; ma percepisco che
I miei baci adesso sono sabbia sulle tue labbra,
Zanne sui tuoi palmi, e monete sui tuoi occhi.
Di' solo una parola dura, per zittirmi il pianto;
Vattene sì, e per via, rafforza la mia schiena
Per affrontare il guaito degli anni ispettori—
Vaghe forme che trotterellando, attaccano di rado
Due che cantano a passi concordati, il lume in mano:
Mentre per una sola e sperduta, la sorte è tutt'altra.

You loved me not at all, but let it go;
I loved you more than life, but let it be.
As the more injured party, this being so,
The hour's amenities are all to me —
The choice of weapons; and I gravely choose
To let the weapons tarnish where they lie;
And spend the night in eloquent abuse
Of senators and popes and such small fry
And meet the morning standing, and at odds
With heaven and earth and hell and any fool
Who calls his soul his own, and all the gods,
And all the children getting dressed for school . . .
And you will leave me, and I shall entomb
What's cold by then in an adjoining room.
(XL)

Non mi hai amata affatto, ma lascia andare;
Ti ho amato più che vita, ma lascia stare,
Come parte più lesa, essendo così le cose,
Sono tutte mie le concessioni dell'ora—
La scelta di armi; e solennemente scelgo
Di far ossidare le armi dove giacciono;
Invece, passerò la notte in assalto eloquente
Di senatori e papi e simili pesci piccoli
Per affrontare poi il giorno in piedi, e in disputa
Col cielo e la terra e l'inferno e qualunque stolto
Che pensi abbia un'anima propria, e con tutti gli dei,
E tutti i bambini che si vestono per la scuola…
E tu mi lascerai, e io seppellirò
Quel che ormai è freddo in una stanza attigua.

I said in the beginning, did I not? —
Prophetic of the end, though unaware
How light you took me, ignorant that you thought
I spoke to see my breath upon the air:
If you walk east at daybreak from the town
To the cliff's foot, by climbing steadily
You cling at noon whence there is no way down
But to go toppling backward to the sea.
And not for birds nor birds' eggs, so they say,
But for a flower that in these fissures grows,
Forms have been seen to move throughout the day
Skyward; but what its name is no one knows.
'Tis said you find beside them on the sand
This flower, relinquished by the broken hand.
(XLI)

L'ho detto al principio, non è vero?—
In profezia della fine, anche non sapendo
Quanto leggera mi credevi, e che pensavi
Che parlassi per ammirare il mio fiato nell'aria:
Ma se uno s'incammina dal paese all'alba verso est
Fino al piè della scogliera, salendo senza sosta,
Si aggrappa a mezzodì dove non c'è discesa
Sennonché rovesciarsi all'indietro verso mare.
E non per gli uccelli o le uova, si dice, ma
Per un fiore che in queste fessure cresce,
Forme si sono viste muoversi ad ogni ora
Verso cielo; qual'è il nome nessuno lo sa.
Dicono che accanto a loro si trova sulla sabbia
Questo fiore, rilasciato dalla mano infranta.

O ailing Love, compose your struggling wing!
Confess you mortal; be content to die.
How better dead, than be this awkward thing
Dragging in dust its feathers of the sky;
Hitching and rearing, plunging beak to loam,
Upturned, disheveled, uttering a weak sound
Less proud than of the gull that rakes the foam,
Less kind than of the hawk that scours the ground.
While yet your awful beauty, even at bay,
Beats off the impious eye, the outstretched hand,
And what your hue or fashion none can say,
Vanish, be fled, leave me a wingless land . . .
Save where one moment down the quiet tide
Fades a white swan, with a black swan beside.
(XLII)

O Amore malridotto, ripiega la tua ala sofferente!
Confessati mortale; sii contento di morire.
Meglio morto, che rimanere questa cosa goffa
Trascinando nella polvere le piume celesti;
Tirando su e impennandoti, ficcando il becco nel suolo,
Capovolto, scompigliato, gemendo un squittio fioco
Meno orgoglioso del gabbiano che graffia le onde,
Meno gentile del falco che fruga in terra.
Mentre ancora la tua terribile bellezza, a batter d'ali,
Respinge l'occhio empio, e rifiuta la mano tesa,
E mentre ancora i tuoi modi e colori non si distinguono,
Sparisci, volgiti in fuga, lasciami una terra senza ali...
A meno ché una volta fluttuando lungo la calma marea
Receda un cigno bianco, con uno nero accanto.

Summer, be seen no more within this wood;
Nor you red Autumn, down its paths appear;
Let no more the false mitrewort intrude
Nor the dwarf cornel nor the gentian here;
You too be absent, unavailing Spring,
Nor let those thrushes that with pain conspire
From out this wood their wild arpeggios fling,
Shaking the nerves with memory and desire.
Only that season which is no man's friend,
You, surly Winter, in this wood be found;
Freeze up the year; with sleet these branches bend
Though rasps the locust in the fields around.
Now darken, sky! Now shrieking blizzard, blow! —
Farewell, sweet bank; be blotted out with snow.
(XLIII)

Estate, non ti far più vedere in questo bosco;
Neanche tu, Autunno rosso, appari lungo i sentieri;
Non lasciare che si inserisca ancora la falsa mitella
Né il corniolo nano né la genziana qui;
Anche tu sii assente, Primavera inutile,
E non permettere ai tordi che rancorosi cospirano
Di lanciare da questo bosco i loro arpeggi selvatici,
Scuotendo i nervi con memoria e desiderio.
Solo quella stagione che è di nessuno amica,
Tu, scontroso Inverno, fatti trovare in questo bosco;
Congela l'anno; e con nevischio piega questi rami
Anche se nei campi d'intorno crepita la cavalletta.
Adesso oscurati, cielo! E urlante bufera, soffia!—
Addio, dolce sponda; sii cancellata dalla neve.

If to be left were to be left alone,
And lock the door and find one's self again —
Drag forth and dust Penates of one's own
That in a corner all too long have lain;
Read Brahms, read Chaucer, set the chessmen out
In classic problem, stretch the shrunken mind
Back to its stature on the rack of thought —
Loss might be said to leave its boon behind.
But fruitless conference and the interchange
With callow wits of bearded cons and pros
Enlist the neutral daylight, and derange
A will too sick to battle for repose.
Neither with you nor with myself, I spend
Loud days that have no meaning and no end.
(XLIV)

Se l'essere lasciata significa essere lasciata sola,
E di sbarrare la porta e di nuovo ritrovarsi—
Trascina fuori spolverando i Penati tuoi
Da quell'angolo dove troppo a lungo sono giaciuti;
Leggi Brahms, leggi Chaucer, schiera gli scacchi
In classiche formazioni, apri la mente
All'ampiezza di prima sul cavalletto del pensiero—
La perdita, si direbbe, tramanda un bottino.
Ma dialoghi infruttuosi e colloqui
Con anime imberbi su argomenti canuti
Aggiunti alla luce neutrale del giorno, sopraffanno
Una volontà troppo afflitta per lottarsi il riposo.
Non più con te né con me stessa, trascorrerò
Giorni chiassosi che hanno né senso né fine.

I know my mind and I have made my choice;
Not from your temper does my doom depend;
Love me or love me not, you have no voice
In this, which is my portion to the end.
Your presence and your favours, the full part
That you could give, you now can take away:
What lies between your beauty and my heart
Not even you can trouble or betray.
Mistake me not — unto my inmost core
I do desire your kiss upon my mouth;
They have not craved a cup of water more
That bleach upon the deserts of the south;
Here might you bless me; what you cannot do
Is bow me down, who have been loved by you.
(XLV)

So bene quel che penso e ho già scelto;
Dal tuo carattere non dipende la mia sventura;
Amandomi o non amandomi, tu non hai voce
In capitolo; questa è solo mia la dote fino in fondo.
La tua presenza e i tuoi favori, tutto ciò
Che potevi dare, adesso puoi sottrarli:
Quel che esiste tra la tua bellezza e il mio cuore
Nemmeno tu puoi scomporre né tradire.
Non mi fraintendere—fino al midollo
Desidero il tuo bacio sulla mia bocca;
Più di me non hanno bramato un sorso d'acqua
Anime che sbiancano nei deserti del sud;
Così potresti benedirmi; quel che tu non puoi
È di piegarmi, che da te sono stata amata.

Even in the moment of our earliest kiss,
When sighed the straitened bud into the flower,
Sat the dry seed of most unwelcome this;
And that I knew, though not the day and hour.
Too season-wise am I, being country-bred,
To tilt at autumn or defy the frost:
Snuffing the chill even as my fathers did,
I say with them, "What's out tonight is lost."
I only hoped, with the mild hope of all
Who watch the leaf take shape upon the tree,
For a fairer summer and a later fall
Than in these parts a man is apt to see,
And sunny clusters ripened for the wine:
I tell you this across the blackened vine.
(XLVI)

Anche nel momento del nostro primo bacio,
Quando il bocciolo maturo sospirò in fiore,
Giaceva il seme secco di questa cosa incresciosa;
E ciò io seppi, anche se non il giorno né l'ora.
Troppo avvezza alle stagioni, cresciuta in campagna,
Per litigare con l'autunno o sfidare il gelo;
Fiutando il gelo come anche una volta i miei padri,
Dico con loro, "Chi sta fuori stanotte è perso."
Però speravo con la tenue speranza di tutti
Che mirano la foglia formandosi sull'albero,
Un'estate più bella e un autunno più tardivo
Di quanto di solito avviene in queste parti,
E dei grappoli soleggiati maturi per il vino:
Questo te lo dico attraverso la vite annerita.

Well, I have lost you; and I lost you fairly;
In my own way, and with my full consent.
Say what you will, kings in a tumbrel rarely
Went to their deaths more proud than this one went.
Some nights of apprehension and hot weeping
I will confess; but that's permitted me;
Day dried my eyes; I was not one for keeping
Rubbed in a cage a wing that would be free.
If I had loved you less or played you slyly
I might have held you for a summer more,
But at the cost of words I value highly,
And no such summer as the one before.
Should I outlive this anguish—and men do—
I shall have only good to say of you.
(XLVII)

Allora, ti ho perso; e ti ho perso equamente;
A modo mio, e con il mio pieno consenso.
Di' quel che vuoi, i re in carretto di rado
Andarono a morire più fieri di me stessa.
Alcune notti di apprensione e pianto caldo
Le confesso; ma queste mi sono permesse;
Il giorno mi asciugò gli occhi; non ero disposta a
Rinchiudere in gabbia un'ala che voleva volare.
Se ti avessi amato meno o raggirato con malizia
Avrei potuto trattenerti ancora un'estate,
Ma al prezzo di parole che stimo molto,
E per un'estate assai diversa di quella scorsa.
Se sopravvivo a questa angoscia—e c'è chi lo fa—
Avrò solo lodi da dire su di te.

.

Now by the path I climbed, I journey back.
The oaks have grown; I have been long away.
Taking with me your memory and your lack
I now descend into a milder day;
Stripped of your love, unburdened of my hope,
Descend the path I mounted from the plain;
Yet steeper than I fancied seems the slope
And stonier, now that I go down again.
Warm falls the dusk; the clanking of a bell
Faintly ascends upon this heavier air;
I do recall those grassy pastures well:
In early spring they drove the cattle there.
And close at hand should be a shelter, too,
From which the mountain peaks are not in view.
(XLVIII)

Ora per il sentiero che salì, sono di ritorno.
Le querce sono cresciute; sono stata a lungo via.
Portandomi le memorie di te e la tua mancanza
Adesso scendo in una giornata più mite;
Spoglia del tuo amore, sgravata della speranza
Scendo il sentiero che avevo salito dalla pianura;
Ma più ripido che immaginavo sembra il declivio
E più pietroso, ora che ridiscendo.
Caldo cade il crepuscolo; il fragore di una campana
A malapena sale su quest'aria più pesante;
Mi ricordo bene questi pascoli erbosi:
In prima primavera vi conducevano il bestiame.
E qui vicino dev'essere anche un rifugio,
Da cui le cime delle montagne non si vedono.

The heart once broken is a heart no more,
And is absolved from all a heart must be;
All that it signed or chartered heretofore
Is cancelled now, the bankrupt heart is free;
So much of duty as you may require
Of shards and dust, this and no more of pain,
This and no more of hope, remorse, desire,
The heart once broken need support again.
How simple 'tis, and what a little sound
It makes in breaking, let the world attest:
It struggles, and it fails; the world goes round,
And the moon follows it. Heart in my breast,
'Tis half a year now since you broke in two;
The world's forgotten well; if the world knew.
(L)

Il cuore una volta spezzato non è più cuore,
È assolto da tutto che il cuore debba essere;
Tutto che aveva già firmato o contratto
È adesso cancellato, il cuore in bancarotta è libero;
Tanto dovere quanto si può richiedere
Da frammenti e polvere, questo c'è e non altro,
Questo e non altro di speranza, rimpianto, o desio,
Che il cuore infranto debba ancora sorreggere.
Quanto è facile, e quale minuscolo suono
Si sente nel rompere, lascia che il mondo verifichi:
Il cuore si sforza, e fallisce; il mondo gira ancora
E la luna segue. Cuore del mio petto,
Fa mezz'anno che ti sei spezzato;
Il mondo l'ha già dimenticato, se pur l'abbia saputo.

If in the years to come you should recall,
When faint in heart or fallen on hungry days,
Or full of griefs and little if at all
From them distracted by delights or praise;
When failing powers or good opinion lost
Have bowed your neck, should you recall to mind
How of all men I honoured you the most,
Holding you noblest among mortal-kind:
Might not my love — although the curving blade
From whose wide mowing none may hope to hide,
Me long ago below the frosts had laid —
Restore you somewhat to your former pride?
Indeed I think this memory, even then,
Must raise you high among the run of men.
(LI)

Se negli anni a venire tu dovessi ricordare,
Mentre scoraggiato o imbattuto in giorni di fame,
O colmo di pene e poco se mai
Distratto da esse con delizie o lodi;
Sentendo la forza in declino o la stima persa
Che ti pesano sul collo, eppure richiamando alla mente
Che fra tutti gli uomini ho onorato te al massimo,
Ritenendoti il più nobile della stirpe mortale:
Non potrebbe il mio amore—sapendo che la lama
Ricurva dell'ampio falciare nessuno spera schivare,
Io già lungamente distesa sotto i geli,
Risanarti un po' il tuo primo orgoglio?
Invero credo che questa memoria, magari allora,
Debba sollevarti al disopra la massa degli uomini.

Oh, sleep forever in the Latmian cave,
Mortal Endymion, darling of the Moon!
Her silver garments by the senseless wave
Shouldered and dropped and on the shingle strewn,
Her fluttering hand against her forehead pressed,
Her scattered looks that trouble all the sky,
Her rapid footsteps running down the west —
Of all her altered state, oblivious lie!
Whom earthen you, by deathless lips adored,
Wild-eyed and stammering to the grasses thrust,
And deep into her crystal body poured
The hot and sorrowful sweetness of the dust:
Whereof she wanders mad, being all unfit
For mortal love, that might not die of it.
(LII)

Oh, dormi sempre nella grotta di Latmo,
Endimione mortale, amato dalla Luna!
La sua veste argentea dall'avventata onda
Portata e rilasciata, e sulla spiaggia sparsa,
La sua mano svolazzante alla fronte compressa,
I suoi sguardi vaganti agitando il cielo intero,
I suoi passi rapidi correndo giù per ovest—
Del suo stato alterato, all'oscuro giaci!
Tu che fatto di terra, da labbra immortali adorato,
Balbuziente e con occhi sbarrati gettato sull'erba,
In fondo al suo corpo di cristallo versasti
La calda e pietosa dolcezza della polvere:
Per cui lei vaga demente, essendo per nulla adatta
All'amore mortale, non potendo morirne.

Bibliography/Bibliografia

Clark, Suzanne. "Uncanny Millay," in *Millay at 100: A Critical Reappraisal*, p.16. Carbondale and Edwardsville, Ill.: Southern Illinois University Press, 1995.

Demers, Fr. Pierre. "Shakespeare's Sonnet Sequence." Fu Jen University Dept. of Engish, <http://english.fju.edu.tw/lctd/asp/works/74/study_3_6.htm> (downloaded Sept. 25, 2019).

Epstein, Daniel Mark. *What Lips My Lips Have Kissed: The Loves and Love Poems of Edna St. Vincent Millay.* New York: Henry Holt and Company, 2001; First Owl Books Edition, 2002.

Freedman, Diane P., ed. *Millay at 100: A Critical Reappraisal.* Carbondale and Edwardsville, Ill.: Southern Illinois University Press, 1995.

Green Kaiser, Jo Ellen. "Displaced Modernism," in *Millay at 100: A Critical Reappraisal*, p.37, Carbondale and Edwardsville, Ill.: Southern Illinois University Press, 1995.

Henderson, Diana E. "The Sonnet, Subjectivity, and Gender" (2011) - In: *The Cambridge companion to the sonnet* , A. D. Cousins, Peter Howarth, ed, 2011, p. 46-65.

Klemans, Patricia A. "Being Born a Woman: A New Look at Edna St. Vincent Millay," *Colby Quarterly*, Vol. 15, Iss. 1 (1979). Art. 3, p. 11.

Mermin, Dorothy. "The Female Poet and the Embarrassed Reader: Elizabeth Barrett Browning's Sonnets From the Portuguese ," ELH, Vol. 48, No. 2 (Summer, 1981), pp. 351-367 The Johns Hopkins University Press.

Milford, Nancy. *Savage Beauty: The Life of Edna St. Vincent Millay.* New York: Random House Trade Paperbacks, 2002.

Millay, Edna St. Vincent. *Collected Sonnets*. Revised and Expanded Edition. New York: Harper & Row and Toronto: Fitzhenry and Whiteside, 1988.

Van Remortel, Marianne. " (Re)gendering Petrarch: Elizabeth Barrett Browning's Sonnets from the Portuguese," Tulsa Studies in Women's Literature, Vol. 25, No. 2 (Fall, 2006), pp. 247-266.

Zuk, Edward. "The Modernist American Sonnet: UBC Theses and Dissertations." Department of English, The University of British Columbia, Vancouver, Canada, 2001, (Available Oct 1, 2009).<https://open.library.ubc.ca/cIRcle/collections/ubctheses/831/items/1.0090845>

The translator
Laura Klinkon

Born in Italy, in the province of Enna, she became an American citizen at ten years old. Having completed all of her schooling in the United States, her university degrees in languages and literature were conferred by the University of Pittsburgh in Pennsylvania and by American University in Washington, D. C. She pursued additional studies at New York University, Long Island University, and Middlebury College in Vermont. Having worked for various employers as an editor and translator, and from time to time as a teacher, she has experienced almost all editorial genres including medical, political, educational, technical, journalistic, and advertising. After having raised two sons with her ex-husband in Rochester, N.Y., she retired, dedicating herself to poetry, and publishing her poetry collection *Trying to Find You* in 2013 and two humorous chapbooks *Kitchen Abrasive*s and *Looking Askance* in 2017. The present volume, the second of two translated collections from the sonnets of Edna St. Vincent Millay, has been, like the first,* an independent project, complete with research, translation, editing, linguistic verification, book design and pagination. Both have been accomplished with the key support of The Millay Society of Austerlitz, New York, and the Casa delle Traduzioni of the Libraries of Rome. Throughout, she has enjoyed the stimulus and support of her friends both Italian and American.

* *The Silent Lyre/La Lira Silente* (2018).

La traduttrice
Laura Klinkon

Nata in Italia, nella provincia di Enna, è diventata cittadina americana a dieci anni. Avendo completato tutti i suoi studi negli Stati Uniti, le lauree in lingue e lettere sono state conferite presso l'Università di Pittsburgh nella Pennsylvania e presso l'American University di Washington, D.C Ha perseguito altri studi alla New York University, alla Long Island University, e al Middlebury College del Vermont. Avendo lavorato presso varie enti come redattrice e traduttrice, e talvolta anche come insegnante, ha sperimentato quasi tutti i generi editoriali, cioè politici, educativi, tecnici, giornalistici, e pubblicitari. Dopo di aver cresciuto due figli con il suo ex-marito a Rochester, N.Y., si è pensionata dedicandosi alla poesia, pubblicando la sua raccolta di poesia *Trying to Find You* nel 2013 e nel 2017, due volumetti umoristici *Kitchen Abrasives* e *Looking Askance*. Il presente volume è il secondo di due raccolte tradotte dai sonetti di Edna St. Vincent Millay, ed è stato, come il primo,* compiuto indipendentemente, inclusi la ricerca, la traduzione, la redazione, la verifica linguistica, il disegno e l'impaginazione. Ambedue sono stati compiuti con l'importante appoggio della Società Millay di Austerlitz, New York e della Casa delle Traduzioni delle Biblioteche di Roma. Durante tutto questo periodo, la traduttrice ha goduto lo stimolo e il sostegno dei suoi amici sia italiani che americani.

* *The Silent Lyre/La Lira Silente* (2018).

www.ingramcontent.com/pod-product-compliance
Lightning Source LLC
Chambersburg PA
CBHW070437010526
44118CB00014B/2082